RAPPORT VERBAI

SUR

UN NOUVEAU PROJET DE CODE PÉNAL

ITALIEN

A L'ACADÉMIE DES SCIENCES MORALES ET POLITIQUES

Par M. Charles LUCAS

MEMBRE DE L'INSTITUT

DEUXIÈME TIRAGE

Augmenté de la correspondance à l'occasion de ce Rapport.

PARIS

G. PEDONE-LAURIEL, LIBRAIRE-ÉDITEUR

13, RUE SOUFFLOT, 13

Avril 1884

RAPPORT VERBAL

SUR

UN NOUVEAU PROJET DE CODE PÉNAL

ITALIEN

À L'ACADÉMIE DES SCIENCES MORALES ET POLITIQUES

Par M. Charles LUCAS

MEMBRE DE L'INSTITUT

DEUXIÈME TIRAGE

Augmenté de la correspondance à l'occasion de ce Rapport.

PARIS

G. PEDONE-LAURIEL, LIBRAIRE-ÉDITEUR

13, RUE SOUFFLOT, 13

Avril 1884

AVANT-PROPOS

Le rapport sur le projet de Code pénal italien, inséré dans le compte rendu des travaux de l'Académie des Sciences morales et politiques, qui se publie sous la direction de M. le Secrétaire perpétuel de cette Académie, avait été l'objet d'un tirage séparé. Ce tirage étant épuisé, j'ai cru devoir en faire un second, augmenté, par les motifs suivants, de la correspondance à laquelle ce rapport a donné lieu.

Sans demander aux adversaires et aux partisans de l'abolition de la peine de mort en Italie le sacrifice en principe de leurs opinions divergentes à cet égard, le but de mon rapport, sous l'empire des événements et des faits accomplis, était de les appeler sur un terrain de conciliation, en me plaçant à un double point de vue :

Celui d'abord de l'intérêt propre à l'Italie qui, en face du conflit parlementaire dont l'abolition de fait de la peine de mort avait été la conséquence, ne pouvait plus arriver à son unification pénale que par la substitution de l'abolition de droit à l'illégalité de l'abolition de fait ;

Celui ensuite de la réforme répressive et pénitentiaire dont l'avènement dans la codification pénale est désiré par les sympathies générales.

La publication de la correspondance permettra d'apprécier le résultat obtenu par cet appel fait à la conciliation, et qui me semble de nature à inspirer la confiance que l'Italie touche enfin au jour prochain de son unification pénale, par la substitution de l'abolition de droit de la peine de mort à l'abolition de fait.

L'Italie devra ce jour mémorable au concours de ses glo—rieux enfants, mais surtout à l'illustre Mancini qui, par son habile et puissante coopération à cette réforme civilisatrice, dans la chaire universitaire, à la tribune législative, et dans les Conseils du Gouvernement, a mérité que son pays reconnaissant associât le plus étroitement son nom à celui de Beccaria.

Il est un heureux symptôme à signaler, c'est celui de l'intérêt si sympathique que prennent les nations latines au perfectionnement de la codification du droit criminel. A peine le rapport sur le Code pénal italien avait-il été inséré en février dans le compte rendu des travaux de l'Académie des Sciences morales et politiques, qu'en France le *Bulletin* de la Société générale des prisons le reproduisait *in extenso*; qu'à Naples *Il Diritto*, journal de la science juridique, en publiait en mars la traduction italienne, et que la traduction espagnole paraissait en avril à Madrid dans la *Revista de los tribunales*.

RAPPORT VERBAL

SUR

UN NOUVEAU PROJET DE CODE PÉNAL

ITALIEN

A L'ACADÉMIE DES SCIENCES MORALES ET POLITIQUES

Par M. Ch. LUCAS

(Séance du 26 janvier 1884.)

J'ai l'honneur de déposer sur le bureau de l'Académie un nouveau projet de Code pénal présenté à la Chambre des députés d'Italie, le 26 novembre 1883, par M. Savelli, ministre de la justice. Je prie l'Académie d'en agréer l'hommage, et de me permettre d'appeler un moment son attention sur cet important document.

Ce nouveau projet de Code pénal, rapproché de ceux qui l'avaient précédé, indique que la codification de la législation criminelle, en Italie, a été l'objet d'une élaboration singulièrement prolongée. L'Italie pourtant est la terre par excellence de la science de la législation criminelle ; mais la codification pénale y rencontre une difficulté exceptionnelle que j'ai déjà signalée à l'Académie dans de précédentes communications et qu'il est nécessaire de rappeler brièvement à son souvenir.

Par suite des annexions successives dont se compose le royaume d'Italie, trois codes pénaux différents sont encore appelés à le régir, et il en résulte un grave et intolérable obstacle à son organisation judiciaire et à l'administration uniforme de la justice criminelle. L'unification pénale est, pour ce grand royaume, l'impérieux besoin de son unité politique. Mais la difficulté de la situation, pour l'Italie, est dans la solution du problème de cette unification pénale. Des trois codes pénaux qui y sont en vigueur, deux maintiennent la peine de mort, mais le troisième, au contraire, celui de la Toscane, en consacre l'abolition justifiée par une expérience heureuse et prolongée. Il n'y a donc que deux moyens pour l'Italie de réaliser son unification pénale, c'est de rétablir la peine de mort en Toscane ou d'étendre son abolition à toute l'Italie.

I

Entre ces deux moyens, M. Vigliani, jurisconsulte éminent, appelé comme ministre de la justice à se prononcer, opta pour le premier dans le projet de Code pénal qu'il déposa au Sénat le 24 février 1874. M. Vigliani avouait loyalement, dans son exposé des motifs, l'heureuse influence de l'abolition de la peine de mort en Toscane, et déclarait que ce n'était pas au nom de la sécurité publique, mais de l'unification pénale, qu'il venait en réclamer le rétablissement. Cet aveu conduisait à une conséquence qui ne devait pas échapper, sans doute, à sa perspicacité, celle que rétablir l'échafaud en Toscane, c'était répandre inutilement du sang humain. Il s'appuyait sur deux arguments dont l'un était celui de la raison d'État, et l'autre un précédent historique.

Le premier était un anachronisme. La raison d'État, ce mot magique qui va jusqu'à légitimer l'illicite, n'a plus cours que dans les gouvernements absolus, et, à notre époque, dans les pays libres, la seule raison à invoquer, c'est celle que l'histoire, la morale et la philosophie peuvent avouer.

Le précédent historique dont M. Vigliani croyait devoir se prévaloir, c'était celui de la Prusse qui, après Sadowa, avait, au nom de l'unification pénale, rétabli la peine de mort dans quatre États de la confédération du Nord, sans tenir compte des résultats d'une heureuse expérience et du prix qu'attachaient ces États à la continuer. L'autorité de ce précédent n'était pas admissible. Le procédé de la Prusse avait soulevé une réprobation générale parmi les jurisconsultes allemands qui blâmaient vivement la consécration de cette mesure proposée dans le projet de Code pénal pour la confédération du Nord de l'Allemagne.

L'Académie n'a pas oublié peut-être la communication par laquelle je m'associais énergiquement à la protestation des jurisconsultes allemands. J'y réfutais d'abord la prétention d'assimiler l'État fédératif à l'État monarchique sous le rapport du besoin impérieux de l'unification pénale. L'unification pénale ne s'imposait qu'à l'État monarchique, en raison de son unité politique ; mais, dans le système fédératif où chaque État avait son autonomie, il fallait au contraire respecter dans chacun la liberté d'initiative et, entre tous, le stimulant d'une généreuse émulation pour le perfectionnement de la législation criminelle et dans l'intérêt du développement progressif de la civilisation, C'est ainsi que l'avaient conçu la confédération suisse en Europe, et, en Amérique, la grande confédération des États-Unis, où la législation criminelle avait dû ses progrès à l'autonomie et à la liberté d'initiative des États confédérés.

La réprobation générale des jurisconsultes allemands avait exercé une telle influence sur le Parlement fédéral qu'il se prononça aux deux premières lectures du projet de Code pénal contre le rétablissement de la peine de mort, et si malheureusement il se déjugea à la troisième lecture, ce ne fut du moins qu'à la majorité de neuf voix. Ce précédent était donc loin d'avoir l'autorité morale dont M. Vigliani voulait se prévaloir devant le Sénat italien.

Le vote par le Sénat du rétablissement de l'échafaud en Toscane, combattu par une imposante et éloquente minorité qui comptait dans ses rangs plusieurs illustrations de la magistrature italienne, souleva en Toscane les protestations des municipalités, des assemblées provinciales et des réunions populaires, et ce mouvement d'opinion s'étendit même en dehors de la Toscane aux barreaux et aux universités de l'Italie qui s'attristaient de voir ainsi rétrograder la civilisation italienne.

II

Par suite du changement du ministère auquel il appartenait, l'honorable M. Vigliani eut pour successeur au département de la justice, mais n'y pouvait avoir pour continuateur, l'illustre Mancini, qui devait en partie sa grande renommée à la motion abolitive de la peine de mort qu'il avait fait voter à Turin en 1865 par la Chambre des Députés sous l'impression de son éloquente initiative.

Toutefois, alors que M. Mancini n'eût pas été sous l'inspiration de ses précédents personnels, l'impopularité du procédé de rétablissement de la peine de mort en Toscane, suivi par M. Vigliani pour réaliser l'unification pénale, imposait à M. Mancini la présentation d'un nouveau Code pénal maintenant en Toscane et généralisant en Italie la suppression de l'échafaud.

Ce fut le 25 novembre 1876 que M. Mancini déposa à la Chambre des Députés le premier livre de son projet de Code pénal sur les peines, qui étendait à toute l'Italie l'abolition de la peine de mort avec les modifications qui devaient en résulter dans l'échelle pénale. A la séance du 28 novembre 1877, la Chambre des Députés vota à une grande majorité l'unification pénale par l'abolition de la peine de mort dans tout le royaume.

Le vote de la Chambre des Députés du 28 novembre 1877 constituait un conflit entre les deux chambres du Parlement, dont l'une, le Sénat, avait adopté le rétablissement de la peine de mort en Toscane, tandis que l'autre, au contraire, la Chambre des Députés, s'était prononcée pour la suppression générale de l'échafaud dans tout le royaume. Cette situation, qui s'aggravait encore par les complications des crises ministérielles et des événements politiques, commandait nécessairement une certaine temporisation et une grande réserve pour laisser aux opinions dissidentes une période d'apaisement.

Pendant le cours des débats législatifs, du moment où la question du maintien ou de la suppression de la peine de mort était soumise aux délibérations du Parlement, l'exécution des condamnations à mort avait été suspendue dans le royaume. Cette abstention devait nécessairement se prolonger en face du conflit parlementaire. Mais, en 1879, sous l'impression de l'indignation générale que souleva l'attentat de Passamante contre le roi Humbert, la question d'exécuter le régicide produisit une vive controverse dans la presse. L'horreur qu'inspirait cet attentat était la même pour tous; mais la manière d'envisager l'efficacité d'une exécution capitale excitait de profonds dissentiments. Envisageant l'état des choses avec la fermeté d'un esprit calme et d'une âme magnanime, le roi, voulant que, devant le conflit parlementaire relatif à la peine de mort, la situation restât après l'attentat ce qu'elle était avant, refusa sa signature à l'exécution de l'arrêt de mort. L'échafaud ne put donner au fanatisme du régicide le piédestal et l'auréole du martyre, et Passamante ne fut plus qu'un assassin vulgaire dont nul ne songea à renouveler l'attentat.

III

M. Mancini n'ayant présenté que le premier livre du projet
de Code pénal, M. Zanardelli, à la suite d'études ultérieures,
avait préparé le projet de code tout entier qu'il ne put déposer
à la Chambre des Députés parce que le ministère dont il faisait
partie tomba quinze jours après l'impression du nouveau projet.
C'est ce travail de son prédécesseur, auquel il rend hommage,
que M. Savelli a déposé à la Chambre des Députés le 26 novembre dernier, sauf quelques modifications dont il donne les
motifs dans un court rapport qui les précède. Le nouveau Code
pénal, soumis le 26 novembre dernier aux délibérations de la
Chambre des Députés, est donc le projet Zanardelli avec le rapport
de M. Savelli qui le précède, et avec l'annexe du premier
livre présenté à la chambre des Députés, en 1876, par M. Mancini.

Si l'on a souvent reproché aux criminalistes italiens d'avoir,
dans leurs savants travaux sur la législation criminelle, un peu
trop négligé l'étude de la théorie de l'emprisonnement, ce
reproche serait aujourd'hui immérité, ainsi que l'atteste la
renommée des deux célèbres revues publiées depuis plusieurs
années, l'une avec le titre de *Revue pénale*, sous la direction
de M. Lucchini, professeur à l'Université de Bologne; et l'autre
avec celui de *Revue de la discipline des prisons*, sous la direction de M. Beltrani-Scalia, directeur général des prisons d'Italie.
Le nouveau projet de Code pénal lui-même en porte un heureux et significatif témoignage.

L'ensemble de ce projet de Code pénal ne saurait être l'objet,
dans un rapport verbal, d'un examen critique qui me permettrait
d'y trouver beaucoup à louer, en n'allant pas cependant jusqu'à une approbation sans réserve, notamment en ce qui concerne la distinction des infractions en crimes et délits qui,
dans les quatre projets de Code pénal proposés depuis 1874,
a été maintenue ou supprimée suivant l'opinion du Ministre
de la justice qui était l'inspirateur de chacun de ces codes.

Les deux projets de Code pénal des honorables ministres,
MM. Zanardelli et Savelli, contiennent assurément dans leur ensemble d'importantes améliorations qui sont dues à ces éminents
jurisconsultes; mais je ne puis y comprendre la suppression de
la division des infractions en crimes et délits. Il me paraît bien
regrettable que cette division des infractions en crimes et dé-

lits, sagement maintenue dans les deux projets de code de MM. Vigliani et Mancini, ne l'ait plus été dans ceux MM. Zanardelli et Savelli, et je reviendrai sur l'exposé de ma persévérante conviction à cet égard, lorsque l'occasion m'en sera offerte, si je suis bien informé, par une prochaine traduction française du projet de Code pénal italien et de l'exposé des motifs qui ont déterminé l'honorable ministre, M. Savelli, à accepter les idées de son savant prédécesseur.

Dans un rapport sur le Code pénal néerlandais présenté à l'Académie à la séance du 12 mars 1881, j'ai déjà combattu la suppression de la classification des faits punissables en crimes et délits, et j'aurai à donner à mon opinion à cet égard de nouveaux développements. Mais je suis heureux d'avoir à signaler, dans le projet de Code pénal italien, une tendance accentuée vers une transformation qui m'avait paru, dès 1827, la voie nouvelle dans laquelle devait entrer la codification de la législation criminelle en substituant à la classification des peines infamantes et irréparables la théorie de l'emprisonnement préventif, répressif et pénitentiaire basée sur l'alliance des deux principes de l'intimidation et de l'amendement. Il importe de ne pas prendre, comme on le fait trop souvent, le principe de l'amendement dans un sens philanthropique, mais seulement dans son sens préventif de la récidive. Le sens philanthropique, en effet, ne pourrait que compromettre l'alliance des deux principes de l'intimidation et de l'amendement, tandis qu'avec le sens préventif de la récidive ils se concilient et se confirment l'un par l'autre.

Ce qui put paraître au début une témérité se rapproche chaque jour des aspirations de l'application pratique, ainsi que je l'ai déjà signalé le 12 mars 1881 dans une communication sur le nouveau Code pénal du royaume des Pays-Bas, et ainsi que je viens le signaler encore dans le nouveau Code pénal italien.

Toutefois, à l'égard du nouveau Code pénal du royaume des Pays-Bas si remarquable et si justement remarqué et auquel j'attache un intérêt sympathique en raison de son esprit progressif, je répéterai que je ne suis pas suffisamment rassuré sur quelques mécomptes auxquels peut l'exposer une aspiration excessive à l'originalité et une tendance à devancer, par .es inspirations de la méditation, les indications plus sûres de l'observation pratique. Le nouveau projet de Code pénal italien me semble avoir apporté dans la voie du progrès plus de réserve et de sagesse pratique, surtout en s'abstenant de suivre le code néerlandais dans la part exagérée qu'il a faite au régime cellulaire comme peine fondamentale. Ce code, du reste, n'est pas encore en vigueur et il est condamné à cette singulière situation de subordonner son existence à l'achèvement des prisons cellulaires qui pourront permettre de la réaliser. Je suis plus disposé à louer dans le code néerlandais le mérite de l'initiative que celui de la conception pratique du véritable rôle de la théorie de l'emprisonnement dans la codification pénale.

IV

Je crains que, dans le cours de ce rapport verbal, quelques-uns des faits que je devais y signaler n'aient échappé à ma mémoire; mais ceux que j'ai cités me semblent suffisants, avec les considérations qui s'y rattachent, pour atteindre le but que je me proposais. Ce but, relatif au laborieux enfantement de la codification pénale en Italie, était d'en exposer les difficultés exceptionnelles, d'en suivre les différentes phases, d'en constater les incidents parmi lesquels s'est produit le plus grave qu'on eût à craindre, celui d'un conflit parlementaire entre les deux Chambres se prononçant l'une pour le rétablissement de l'échafaud en Toscane, et l'autre, au contraire, pour sa suppression générale dans tout le royaume. Des quatre ministres de la justice, qui, depuis 1874, se sont consacrés à la recherche du moyen de résoudre en Italie le problème de son unification pénale, ce n'est pas le premier, l'honorable M. Vigliani, qui est entré dans la bonne voie, comme on l'a vu; ce sont ses trois honorables successeurs, MM. Mancini, Zanardelli et Savelli, qui représentent l'opinion définitive du Gouvernement en Italie sur la solution du problème de l'unification pénale.

L'Italie, confiante dans le patriotisme éclairé du Sénat, peut espérer qu'elle touche enfin à son unification pénale par la solution la meilleure, celle qui, au lieu de faire rétrograder sa civilisation, y réaliserait un grand progrès humanitaire pour l'honneur de son avenir.

Ayant suivi et constaté dans toutes ses phases, de 1874 à 1877, en Italie, par des communications successives à l'Académie des sciences morales et politiques, le développement de la codification pénale en général et de la peine de mort en particulier, il eût été sans doute utile de compléter cet historique par un résumé analytique de ces diverses communications ; mais ce serait abuser de la bienveillante attention de l'Académie, en allant bien au delà de la limite qu'un rapport verbal ne doit pas excéder.

Je crois devoir seulement, dans une note annexée à ce rapport verbal, indiquer la simple énumération de ces communications successives à l'Académie, afin qu'on puisse au besoin y recourir pour en embrasser l'ensemble et en saisir l'enchaînement dans l'ordre des idées et des faits. Cette énumération sera de plus un témoignage du prix que j'attache à l'honneur d'avoir servi sous la bannière abolitionniste dans les rangs des Mancini, des Carrara, des Tancrède Canonico, des Pessina, des Pietro Ellero, des Luigi Lucchini, et *tutti quanti* répandus en Italie, dans son Parlement, dans sa magistrature, dans ses Universités, dans ses barreaux, qui forment cette brillante pléiade d'éminents criminalistes dont ce grand royaume a le droit de se glorifier.

Au résumé, si l'enfantement de la codification pénale en Italie, comme je l'ai déjà dit, a été laborieux, il est du moins arrivé par un perfectionnement graduel à un résultat remarquable, à l'exemple du Code pénal néerlandais.

Parmi les principales questions que recommande aux études théoriques et pratiques des législateurs le mouvement progressif de la codification de la législation criminelle dans les sociétés modernes, il en est trois surtout à signaler :

C'est celle d'abord de la peine de mort ;

C'est celle ensuite de la substitution de l'emprisonnement préventif, répressif et pénitentiaire aux peines irréparables et infamantes ;

C'est celle enfin de la classification des infractions.

Aux deux premiers points de vue, le Code néerlandais et le projet de Code pénal italien sont entrés résolument dans le mouvement progressif.

En ce qui concerne la peine de mort, le premier a déjà prononcé l'abolition de droit que le second propose.

En ce qui concerne l'introduction de la théorie de l'emprisonnement, tous deux inclinent d'une manière accentuée vers le rôle qui lui est réservé dans la codification pénale ; mais le projet de Code pénal italien me paraît montrer dans cette voie nouvelle plus de réserve et de sagesse pratique.

En ce qui concerne la classification des infractions, j'ai le regret de ne pouvoir reconnaître un mouvement progressif dans la suppression de la distinction des délits et des crimes que propose le projet de Code pénal italien et qu'a déjà consacré le Code pénal néerlandais.

Quoi qu'il en soit, le projet de Code pénal italien et le Code pénal néerlandais qui l'a précédé forment le point de départ et portent déjà la remarquable empreinte de l'ère nouvelle que la codification de la législation criminelle me paraissait, dès 1827, être appelée à réaliser au XIXe siècle.

V

La ferme et persévérante résolution de consacrer ma vie à l'abolition de la peine de mort est d'ancienne date, car elle remonte à 1826, époque à laquelle la Société de la Morale chrétienne à Paris, et à Genève le comte de Sellon, oncle de l'illustre Cavour, ouvrirent un double concours sur la question de la peine de mort, à l'effet de démontrer que la suppression de l'échafaud n'était pas seulement au nombre des idées qui s'avouent, mais des choses qui se font.

Il importait à cette réforme civilisatrice de bien se rendre compte dès le début des difficultés à surmonter, des lenteurs à subir. Il fallait, en premier lieu, avant de supprimer l'échafaud, demander à la théorie de l'emprisonnement la peine qui devait le remplacer. Il fallait ensuite au mouvement abolitionniste se préserver des impatiences et des témérités en suivant un développement sagement progressif qui l'appelait d'abord à s'adresser aux petits États, puis des petits États aux États moyens, avant d'aborder les obstacles plus graves que présentaient les grands États, en raison de l'étendue de leur territoire et des rouages plus compliqués de leur administration.

Il y avait ainsi trois étapes dans la marche sagement progressive que devait suivre le mouvement abolitionniste et qu'il a en effet suivie. Dans le demi-siècle qui vient de s'écouler, il a franchi les deux premières étapes avec un succès inespéré. Arrivé à la troisième, la réforme abolitive de la peine de mort doit naturellement se demander quel est celui des grands États auquel la prudence lui conseille de s'adresser avec les meilleures espérances. Je voudrais pouvoir dire : la France (1). Au commencement de 1870, j'avais dit l'Allemagne (2), mais aujourd'hui je dois nommer l'Italie.

De tous les grands États de l'Europe, c'est l'Italie à laquelle est évidemment réservée cette glorieuse initiative, car c'est là que de puissantes considérations imposent l'urgente abolition de la peine de mort, afin de faire cesser, en Italie, une situation anormale qui, sous le triple rapport légal, politique et judiciaire, ne doit pas se prolonger.

Sous le rapport légal, c'est l'abolition de droit de la peine de mort qu'il est urgent de substituer à l'abolition de fait;

Sous le rapport politique, c'est l'unification pénale qu'il est urgent de réaliser pour permettre à ce grand royaume le fonctionnement régulier de son unité politique;

Sous le rapport judiciaire, c'est le conflit parlementaire dont il est urgent, pour la bonne administration de la justice, de ne pas laisser se prolonger la durée.

L'abolition de la peine de mort se présente à un double point de vue, celui du progrès humanitaire et celui de l'intérêt propre à l'Italie. Au premier point de vue, l'urgence peut se discuter, mais elle est indiscutable au second.

---

(1) Dans une lettre à mon savant ami et bien regretté Mittermaïer publiée en juillet 1867 sous le titre de *Marche présumée de l'abolition de la peine de mort dans les divers États de l'Europe*, je disais :

« Un homme d'État éminent, dont j'étais loin de prévoir la destinée au moment où le comte de Sellon, son oncle, me l'adressait à Paris pour lui donner quelques conseils sur les cours scientifiques et littéraires qu'il devait y suivre, M. de Cavour, me disait en 1856 : « Ce n'est pas la France qui donnera la première, parmi les grands États de l'Europe, l'exemple de l'abolition de » la peine de mort, parce qu'en France, ajoutait-il, il est plus difficile peut-» être de faire une réforme qu'une révolution. »

M. Louis Blanc rappelait ces paroles de M. de Cavour dans son discours à l'appui de sa proposition de loi, en faveur de l'abolition de la peine de mort en France.

(2) Dans cette même lettre à M. Mittermaïer, je disais : « Je crois que les meilleures espérances de notre réforme doivent se porter vers l'Allemagne où la tendance des esprits s'accentue de plus en plus en faveur de la suppression de la peine de mort. Vous récoltez ce que vous avez semé. »

On sait que l'abolition de la peine de mort eût été un fait accompli dans la confédération du Nord de l'Allemagne si le Parlement fédéral ne s'était pas déjugé à la troisième lecture du projet de Code pénal. Mais le mouvement abolitionniste, qui conserve en Allemagne les persévérantes sympathies de l'empereur Guillaume, ne s'y est que momentanément ralenti.

La clôture du conflit parlementaire est donc l'urgente nécessité qui s'impose à l'Italie et l'abolition de droit de la peine de mort en est l'unique moyen. Ce n'est pas seulement à ses savants criminalistes, mais à ses éminents hommes d'État, qu'il appartient de ne pas laisser se prolonger en Italie l'empire des trois codes pénaux, qui, sous le rapport de l'administration de la justice criminelle, divisent en trois États séparés son territoire.

J'ai dit, il y a bien des années, que, dans le xixe siècle, devaient disparaître de la codification pénale des peuples les plus avancés en civilisation les peines irréparables et les peines infamantes qui ne pouvaient appartenir à la justice humaine, les unes, parce que c'était une justice faillible, les autres parce qu'elle devait être une justice répressive et pénitentiaire; et j'ai prédit qu'il était réservé à la théorie de l'emprisonnement de devenir la théorie de la législation criminelle dans les sociétés modernes. On a vu, par le Code pénal des Pays-Bas et par le projet de Code pénal italien, la tendance accentuée de la Hollande et de l'Italie à entrer dans cette voie du progrès. Mais comment l'Italie pourrait-elle s'y engager avant qu'on ait fait cesser ce que le savant Lucchini demande la permission d'appeler le scandale (1) des trois législations diverses que subit ce pays. « Qui n'a, dit-il, en mémoire, quelques-unes des nombreuses aberrations et anomalies, qui se trouvent disséminées dans les Codes en vigueur en Italie, lors même qu'il n'y en aurait pas d'autres que dans l'exécution des peines de l'emprisonnement? »

Comment ce grand et beau royaume peut-il, en effet, songer dans l'état présent à déterminer le système de la construction et la discipline de ses prisons?

Quant à moi, enrôlé volontaire depuis plus d'un demi-siècle au service de l'abolition de la peine de mort, de cette cause dont j'ai toujours suivi la bannière partout où le développement m'appelait à la défendre dans la faible mesure de mes forces, l'un de mes vœux les plus chers, en arrivant à l'extrême limite de la vie, est qu'au nombre des jours que Dieu puisse encore me réserver soit celui de la suppression de l'échafaud dans la patrie de Beccaria, puisqu'alors se réaliserait le programme du développement progressif de cette réforme dans le présent en préparant l'horizon plus étendu de son avenir.

---

(1) *Revue pénale*, vol. XIX, fasc. 1-10, p. 150.

Mais il n'est guère permis du reste d'attendre du Parlement l'adoption du projet de Code pénal à une assez courte échéance pour espérer la réalisation du vœu que je viens d'exprimer.

VI

A tous les points de vue, se produit, pour l'Italie, l'urgence de son unification pénale. Mais tous les obstacles à cet égard ne sont pas encore levés. Il y a deux choses qui viennent, à notre époque, d'une manière bien regrettable, ralentir la marche de la codification en général et de la codification pénale en particulier. La première est le travail de l'élaboration pour répondre à la fois aux besoins du perfectionnement et à ceux de l'homogénéité. Ce premier travail est un fait accompli, par suite de la présentation du nouveau Code pénal italien à la Chambre des députés. Mais il reste encore à l'adoption de ce projet de Code un sérieux écueil à traverser, celui des lenteurs et des complications qu'entraînent les exigences de la discussion sous l'empire du système parlementaire.

C'est à ce double point de vue que, ainsi que le fait remarquer le savant Lucchini, la réforme du Code pénal est l'écueil contre lequel se brisent les efforts de tous les États européens. « L'Angleterre, dit-il, depuis six ans, l'Autriche depuis neuf, l'Espagne depuis dix, l'Italie depuis environ dix-sept années, se fatiguent pour amener au port la législation nouvelle. »

La presse quotidienne et la presse périodique en Italie, l'une, par l'*Opinione*, l'un de ses journaux les plus accrédités, et l'autre, par la *Rivista penale*, d'une si grande compétence, se préoccupent avec raison des années que demanderait l'adoption du nouveau Code pénal par les deux Chambres, s'il devait y être discuté article par article. Il est certain que ce mode d'une application pratique au simple projet de loi cesse de l'être pour les travaux de la codification pénale en raison de leur étendue, du grand nombre d'articles dont ils se composent, et des exigences de la coordination et de l'homogénéité.

La *Rivista penale* cite l'exemple de la Belgique, où l'on essaya l'expédient de présenter au Parlement et de faire discuter et voter les Codes, livre par livre, titre par titre : et ainsi fut discuté et voté le Code de commerce de 1873. Elle propose différents modes, parmi lesquels elle rappelle celui suivi, en 1874,

par le Sénat italien dans la discussion du Code pénal présenté
par le ministre Vigliani.

Je n'ai pas à m'occuper de l'examen comparé de ces différents
modes, mais seulement à insister sur la nécessité d'en adopter
un qui ne condamne pas ce nouveau projet de Code pénal à des
lenteurs si préjudiciables, à tous les points de vue, au pressant
besoin pour l'Italie de son existence normale, de son unification
pénale et du fonctionnement complet de son unité politique.

CONCLUSION

Ce rapport verbal, si peu développé qu'il soit, peut donner
par son ensemble une rapide idée de ce qu'a été le mouvement
abolitionniste, de ce qu'il est dans le présent, et de ses aspirations pour l'avenir.

Depuis les années 1825 et 1826 qui ont marqué, ainsi que le
constatent plusieurs criminalistes, son point de départ dans ce
siècle par le compte rendu de la statistique et de l'administration de la justice criminelle en France, et par les deux concours
du comte de Sellon à Genève et de la Société de la Morale chrétienne à Paris, sur la question de la peine de mort, on peut
suivre le programme des trois étapes qui devaient jalonner son
développement progressif dans les petits États, dans les États
moyens et dans les grands États, et dont l'Italie est la dernière
qu'il lui reste à franchir.

Je crois que, sans avoir à décliner la responsabilité qui peut
m'incomber pour la part active et persévérante que j'ai prise au
mouvement abolitionniste, et sans avoir également, dans l'ordre
des idées et des faits, rien à désavouer dans mes écrits et dans
mes actes, je crois, dis-je, pouvoir tirer de l'ensemble de ce rapport verbal la conclusion suivante :

C'est que le mouvement abolitionniste n'a pas pour but unique la suppression de l'échafaud et du bourreau. Son horizon
est plus étendu.

L'abolition de la peine de mort, considérée sous le double
rapport de l'intérêt italien et du progrès humanitaire, doit,
d'abord, au premier point de vue, avoir pour conséquence, d'être
à la fois pour l'Italie, en raison de ses aspirations historiques
et des anomalies de sa situation présente, l'honneur et le complément essentiel de son autonomie ;

2.

Au second point de vue, c'est-à-dire à celui du progrès humanitaire, l'abolition de droit de la peine de mort, c'est la transformation complète de la législation criminelle par la théorie de l'emprisonnement ; c'est l'ère spiritualiste de la justice répressive et pénitentiaire qui succède à l'ère matérialiste de l'échafaud et du bourreau avec ses peines irréparables et ses peines infamantes ; c'est, en un mot, l'avènement, dans les institutions de répression, de la philosophie spiritualiste qui ne tue ni l'âme ni le corps, mais qui substitue la privation de la liberté à celle de la vie, soit par la captivité perpétuelle, lorsque l'ordre social l'exige pour mettre le coupable hors d'état de nuire, soit par la captivité temporaire, lorsqu'on peut espérer de prévenir la récidive du coupable par l'action énergique et suffisamment prolongée d'une discipline répressive et pénitentiaire.

Telle est la vraie signification du mouvement abolitionniste ; tel est son but dans le présent et dans l'avenir. C'est à ce titre que l'abolition de la peine de mort est une grande réforme d'ordre moral et social qui doit rester complètement en dehors de la région passionnée de la politique militante pour n'appartenir qu'à la région sereine de la politique civilisatrice qui ne se consacre qu'à la solution des problèmes du progrès humanitaire.

La Chambre des députés d'Italie, à l'occasion du projet d'abolition de la peine de mort proposée par l'illustre Mancini, comme ministre de la justice, a donné à cet égard, en 1877, un mémorable exemple, qu'à la séance du 8 décembre 1877 je citais à l'Académie dans les termes suivants : « La majorité qui a voté l'abolition de la peine de mort a été considérable et s'est rencontrée sur tous les bancs de la Chambre, au centre et à gauche, comme à droite. C'est qu'en Italie cette réforme n'appartient exclusivement au programme d'aucun des partis politiques ; elle échappe à leurs débats passionnés ; le Gouvernement la pose et le Parlement l'accepte comme une question de science juridique et de civilisation, sur laquelle toutes les convictions sont également respectées. »

CORRESPONDANCE

A l'occasion du rapport présenté par M. Ch. Lucas, a l'Académie des sciences morales et politiques, sur le nouveau projet de code pénal italien.

I

A Monsieur Beltrani Scalia, directeur général des prisons d'Italie.

Paris, 14 mars 1884.

Monsieur le Directeur général,

J'ai l'honneur de vous offrir un exemplaire d'un rapport verbal à l'Académie des Sciences morales et politiques sur le projet de Code pénal italien présenté à la Chambre des députés d'Italie par M. Savelli, ministre de la justice, le 26 novembre 1883, et de le soumettre à vos appréciations auxquelles j'attache beaucoup de prix.

Je sais que vous n'avez pas désiré l'extension, à toute l'Italie, de l'abolition de la peine de mort en Toscane, que propose ce projet de Code pénal. Mais je sais aussi que votre esprit éminemment pratique doit préférer l'abolition de droit à l'abolition de fait de la peine de mort qui prolonge la durée du conflit parlementaire.

Je sais encore que si je réussis dans ce rapport à vous convaincre que le mouvement abolitionniste doit préparer en Italie l'avénement de la théorie de l'emprisonnement en remplacement des peines infamantes et des peines irréparables, vos sympathies seront acquises à la réalisation de cette grande transformation de la législation criminelle. Vous êtes au nombre des esprits élevés dont les vœux appellent, dans les institutions de répression, l'ère de la philosophie spiritualiste qui ne tue ni l'âme ni le corps, mais qui substitue la privation de la liberté à celle de la vie, soit par la captivité perpétuelle, lorsque l'ordre social l'exige pour mettre le coupable hors d'état de nuire, soit par la captivité temporaire lorsqu'on peut espérer prévenir la récidive du coupable par l'action énergique et suffisamment prolongée d'une discipline répressive et pénitentiaire.

Veuillez agréer, Monsieur le Directeur général, l'assurance de mes sentiments distingués et dévoués.

Ch. Lucas.

II

A *Monsieur le professeur Luigi Lucchini*, directeur de la « *Rivista penale* » .

Paris, 14 mars 1884.

Monsieur le Directeur,

Lorsqu'en 1874 je dus à votre confiance la communication de votre projet de la fondation de la *Rivista penale*, je vous adressai la sincère expression de mes félicitations et de mes espérances dans une lettre que vous vous empressâtes d'insérer dans le premier numéro de cette revue qui compte aujourd'hui dix années si bien remplies par les travaux que vous avez publiés et par les importants services que vous avez rendus au perfectionnement de la législation criminelle. Parmi ces services, il en est un auquel toutes mes sympathies devaient particulièrement être acquises, je veux parler des documents et des études que vous avez consacrés à l'abolition de la peine de mort, cette grande et urgente réforme que réclame à notre époque le progrès de la civilisation.

Par la date même de sa fondation, la *Rivista penale* était prédestinée à suivre et seconder le développement progressif, en Italie, de cette réforme civilisatrice. C'est à 1874, en effet, que remonte la publication successive des quatre codes pénaux dont les éminents jurisconsultes, MM. Vigliani, Mancini, Zanardelli et

Savelli, ont été les inspirateurs, et dont le premier demandait en Italie l'unification pénale au rétablissement de la peine de mort en Toscane, et les trois autres, au contraire, à l'extension de l'abolition à toute l'Italie.

La *Rivista penale* s'est vaillamment rangée sous la bannière où je combattais avec vous, Monsieur le Directeur, et avec les abolitionnistes italiens, la proposition de faire rétrograder la civilisation en Italie par le rétablissement de l'échafaud en Toscane où était acquise l'heureuse expérience de sa suppression.

En face du triple témoignage des trois ministres Mancini, Zanardelli et Savelli en faveur de l'abolition de la peine de mort dans tout le royaume, la cause de la suppression de l'échafaud semble désormais une cause gagnée. Ce n'est donc plus le langage de la polémique, mais celui de la conciliation et de l'apaisement qui s'impose à la situation présente, puisqu'il ne s'agit plus, pour les abolitionnistes italiens, que de demander l'unification pénale à la clôture du conflit parlementaire et à la patriotique espérance de l'obtenir.

C'est dans cet ordre d'idées et de faits qu'appelé récemment à l'honneur d'offrir à l'Académie des Sciences morales et politiques, pour la bibliothèque de l'Institut de France, les deux nouveaux projets de Code pénal de MM. Zanardelli et Savelli, je me suis attaché à démontrer, au point de vue de l'intérêt italien aussi bien que de celui du progrès humanitaire, l'urgente nécessité pour l'Italie de sortir, par la substitution de l'abolition de droit à l'abolition de fait de la peine de mort, d'une situation anormale qui paralyse à la fois son organisation judiciaire et le fonctionnement complet de son unité politique.

J'ai l'honneur de soumettre à votre appréciation un exemplaire de mon rapport verbal à l'Académie, où je ne pouvais omettre de mentionner votre remarquable lettre du 18 décembre 1883 au journal l'*Opinione*, dans laquelle vous avez judicieusement appelé l'attention des gouvernements et des parlements de tous les pays, et particulièrement de ceux de l'Italie, sur les entraves que le système parlementaire, par les complications et par les lenteurs de ses discussions, apportait en Europe au développement progressif de la codification pénale. Il est certain que le mode de discussion, article par article, d'une application pratique au simple projet de loi, cesse de l'être pour les travaux de la codification pénale, en raison de leur étendue, du grand nombre d'articles dont ils se composent, et des exigences de la coordination et de l'homogénéité.

Nul ne saurait être plus sympathique que moi à votre proposition d'imprimer une impulsion plus active à la discussion des Codes dans les travaux parlementaires. Vous verrez, en effet, dans ce rapport, le programme qui, dès son point de départ, m'a paru devoir tracer au mouvement abolitionniste les trois étapes qu'il devait parcourir, en pénétrant d'abord dans les petits États pour passer ensuite aux États moyens, et, de ceux-ci enfin, aux grands États.

Après avoir parcouru avec succès les deux premières étapes, l'Italie était, parmi les grands États, la troisième qu'il restait au mouvement abolitionniste à franchir. Vétéran de ce mouvement abolitionniste, mon vœu était de voir, parmi les jours que Dieu accorderait encore à mon existence, celui de l'abolition de la peine de mort dans la patrie de Beccaria. Vous devez juger par là combien je regrette que vous n'ayez pas eu plus tôt l'excellente idée de stimuler dans les parlements la discussion de la codification pénale, car votre idée se réalisera désormais trop tardivement pour moi, qui, aveugle depuis 19 ans, aurai accompli, le 19 mars, la 48e année de ma nomination à l'Institut de France, et le 9 mai, la 81e année de mon existence.

Je ne terminerai pas cette lettre sans vous remercier bien sincèrement de l'envoi de votre étude sur le mouvement de la criminalité en Italie, de 1875 à 1882. Vous m'exprimez la satisfaction que vous avez éprouvée en constatant que ce n'était pas dans les infractions les plus graves que se produisait l'accroissement de la criminalité. Ce résultat ne m'étonne pas. Depuis la publication du compte rendu statistique de l'Administration de la justice criminelle en France, qui remonte à 1825, l'étude sérieuse de cette statistique m'a conduit au même résultat. Mais l'expression fréquente de ma persévérante conviction n'avait guère trouvé dans mon pays que des incrédules, tandis qu'aujourd'hui elle trouve peu de contradicteurs, depuis la publication de la statistique judiciaire en France pendant les cinquante-cinq années écoulées de 1826 à 1880. Aussi vous citerai-je le passage suivant de ma communication à l'Académie des sciences morales et politiques, à la séance du 19 mai 1883 : « Puisque j'ai parlé dans ce rapport de l'étude du mouvement de la criminalité, je crois devoir rappeler à l'Académie mon affirmation si souvent faite, et renouvelée dans une récente communication, concernant l'erreur tant accréditée en France que c'était dans le mouvement du crime que se révélait une effrayante progression. J'ai constamment affirmé que l'augmentation n'existait pas dans le mouvement du crime et ne se rencontrait que dans celui du délit. J'ai ajouté qu'il en était ainsi du mouvement de la récidive dont la tendance accentuée ne se produisait pas de crime à crime et de délit à crime, mais de crime à délit et de délit à délit. La première délibération de la Chambre des députés à laquelle a donné récemment lieu, sur le mouvement de la criminalité, le chimérique projet de loi relatif aux récidivistes, m'autorise à persévérer avec confiance dans mon affirmation, car la reconnaissance officielle que l'accroissement ne concernait pas le mouvement du crime, mais celui du délit, n'a guère trouvé de contradicteurs. »

Vous vous demanderez sans doute comment la croyance erronée à l'accroissement des infractions les plus graves dans le mouvement de la criminalité a pu s'accréditer si longtemps en France. Il y a bien des raisons qui l'expliquent; mais je me bornerai à signaler le singulier procédé de prendre et considérer en bloc le mouvement de la criminalité, dans l'étude de la statistique et l'interprétation de son témoignage, au mépris de deux conditions fondamentales qu'a judicieusement recommandées M. F. Desportes, secrétaire de la Société générale des Prisons, dans son remarquable écrit sur la récidive et le projet de relégation des récidivistes :

La première de ces conditions fondamentales, c'est d'adopter pour base de calcul les condamnations prononcées et non les poursuites exercées, car, comme le dit si bien l'auteur, *sans condamnation pas de culpabilité, et sans culpabilité pas de récidive;*

La seconde, c'est d'exclure du calcul les condamnations à l'amende pour s'en tenir aux peines privatives de la liberté.

Mais j'avais soin d'ajouter dans cette communication précitée du 19 mai 1883, comme je l'ai fait à dessein dans toutes celles relatives à mes appréciations sur la statistique judiciaire de la France de 1826 à 1880, la réserve suivante : « *Puissent le présent et l'avenir ne pas démentir le passé!* » Cette réserve avait un sens assez manifeste que j'ai indiqué du reste en mainte occasion; elle m'était inspirée par les sombres appréhensions de l'influence que ne tarderait pas à produire sur le mouvement de la criminalité l'alarmante propagande en France des doctrines les plus subversives de tout ordre social et moral. Il faut donc attendre des comptes rendus de la justice criminelle de tristes révélations, car on récolte ce qu'on a semé, et l'ensemencement de l'ivraie ne peut produire du bon grain.

Je vous prierais, Monsieur le Directeur, de me pardonner la longueur de cette lettre, si je n'étais tenté de l'invoquer comme circonstance atténuante de mon silence involontairement prolongé envers la *Rivista penale*.

Veuillez agréer, Monsieur le Directeur, l'assurance de mes sentiments distingués et dévoués.

CH. LUCAS,

Membre de l'Institut de France
et de l'Institut de Droit international.

III

Lettre de M. le professeur Lucchini, directeur de la Rivista penale, *à M. Ch. Lucas, membre de l'Institut.*

HONORÉ MONSIEUR,

Je vous suis infiniment reconnaissant du bon souvenir que vous avez conservé de moi et de ma revue. Cette revue, née sous votre influent patronage, a eu la fortune de posséder en vous un coopérateur bienveillant, constant et de grande autorité. Je vous présente de nouveau mes plus vifs remerciements.

Votre récente communication à l'Institut de France sur le projet de Code pénal italien nous a montré une fois de plus cette grande activité qui, jointe aux rares qualités de votre talent, a donné une impulsion si vigoureuse au mouvement abolitionniste qui voit en vous son chef principal. Vous donnez en même temps une nouvelle preuve de votre sympathie pour mon pays qui vous conservera une éternelle reconnaissance.

Je vous remercie de m'autoriser à publier votre lettre dans la *Rivista penale* d'avril. Quant à votre savante et habile communication sur le projet de Code pénal, je compte la faire traduire entièrement en italien, et en publier plusieurs passages dans la

Rivista. Elle sera distribuée par mes soins à tous les premiers présidents et procureurs généraux des cours de cassation et d'appel, et aux professeurs de droit pénal.

Je suis heureux d'apprendre que cette communication à l'Institut, insérée à la fois dans le compte rendu des séances et travaux de l'Académie des sciences morales et politiques, et dans le *Bulletin de la Société générale des Prisons*, sera l'objet d'un tirage séparé dont plusieurs exemplaires sont destinés aux membres des deux Chambres du Parlement italien qui, par la spécialité de leurs études, s'intéressent plus particulièrement au projet de Code pénal.

Veuillez agréer, honoré Monsieur, l'hommage de mes sentiments de haute considération.

L. LUCCHINI.

IV

Lettre de M. Beltrani Scalia, directeur général des prisons d'Italie, à M. Ch. Lucas, membre de l'Institut.

Rome, 15 avril 1884.

TRÈS HONORÉ MONSIEUR,

J'ai suivi et je suis avec le plus vif intérêt la question de la peine de mort, et les faits observés n'ont pas changé ma conviction (1). Je parle de *faits*, puisque la question, regardée de son côté théorique, me semble depuis longtemps épuisée.

En vue de ces faits, je crois que la peine de mort devait être maintenue dans notre code pénal.

Cela dit, je réponds aux trois questions que vous voulez bien me poser.

1° Vous me demandez : « L'ajournement de son unification

---

(1) Nous regrettons que le défaut d'espace ne nous permette pas d'insérer les développements étendus et intéressants que contient la première partie de la lettre de M. Beltrani Scalia en faveur de son opinion sur l'efficacité de la peine de mort. Mais ce qui atténue nos regrets, c'est l'espérance assez fondée que ces développements seront publiés par la *Rivista di discipline carcerarie* placée sous son habile direction.

pénale ne crée-t-elle pas à l'Italie une situation tellement anormale qu'elle ne saurait plus longtemps se prolonger ? »

La réponse ne peut qu'être affirmative, et je me hâte de vous dire que nos vœux seront satisfaits dans le courant de cette année.

2° Vous me demandez : « Du moment où, sur les quatre projets de Code pénal successivement élaborés depuis 1874, les trois derniers, en proposant consécutivement l'abolition générale de la peine de mort comme moyen de réaliser l'unification pénale, ont ainsi imposé l'abolition de fait, le régime de l'abolition de droit ne devient-il pas légalement et judiciairement préférable à celui de l'abolition de fait ? »

Je vous réponds en reproduisant ce que j'écrivais en 1871 : « Il faut avoir le courage d'abolir la peine de mort ou de la faire exécuter. Nous ne comprenons pas une peine que les magistrats infligent et que le pouvoir exécutif suspend ; nous ne comprenons pas les exceptions lorsqu'elles ne peuvent avoir des règles constantes ; et l'existence de ces criminels condamnés à mort gémissant dans nos prisons... exige une prompte résolution. »

Je reproduirai aussi ce que j'écrivais en 1878 : « Ce n'est pas à moi, simple soldat, que doit échoir la charge de continuer la guerre ; et si les deux Chambres du Parlement votent l'abolition de la peine de mort dans la conviction que ce soit utile à l'Italie, je répéterai avec Suétone : « *Alea jacta est* », en faisant des vœux pour que l'avenir puisse démentir mes craintes. » J'ajoute maintenant que, dans l'état actuel de la question, aucun ministère ne pourrait rétablir cette peine, et que son abolition légale est préférable à son maintien illégal, parce qu'il y a actuellement une grande confusion dans la conscience publique, qui exerce une influence dangereuse sur l'application de la peine de mort et des travaux forcés.

3° Vous me demandez : « Le régime de l'abolition de droit de la peine de mort, accompagné de la suppression des peines infamantes et irréparables, en préparant ainsi, sous l'empire de la philosophie spiritualiste, l'avènement de la théorie de l'emprisonnement répressif et pénitentiaire dans la codification de la législation criminelle des sociétés modernes, ne mérite-t-il pas d'être pris en sympathique et sérieuse considération par les grands esprits de notre temps ? »

Ma réponse ne peut qu'être affirmative ; je suis bien aise de vous dire qu'en ce moment-ci, même en Italie, l'attention publique se tourne avec un bienveillant intérêt vers la question de la réforme pénitentiaire, en la considérant, ce qu'elle est en effet, comme un des remèdes héroïques pour combattre la criminalité.

Voilà, très honoré Monsieur, ma manière de penser, claire et nette, exposée sans phrases et sous la dictée de ma conscience.

Agréez, très honorable Monsieur, mes sentiments les plus dévoués.

BELTRANI SCALIA.

V

A S. Exc. M. Savelli, ministre de la justice du royaume d'Italie.

Paris, 18 mars 1884.

MONSIEUR LE MINISTRE,

J'ai eu l'honneur de vous remercier d'avoir bien voulu m'adresser deux exemplaires du nouveau projet de code pénal italien que Votre Excellence avait présenté à la Chambre des Députés le 26 novembre 1883. J'ai déposé, suivant vos intentions, sur le bureau de l'Académie des Sciences morales et politiques, l'exemplaire destiné à la bibliothèque de l'Institut de France, et j'ai dû accompagner ce dépôt d'un rapport verbal inséré dans le compte rendu des travaux de l'Académie.

Je prie Votre Excellence d'agréer l'empressé et bien modeste hommage d'un exemplaire de ce rapport verbal que je soumets à son appréciation bienveillante et éclairée, et dans lequel je me suis spécialement placé au point de vue de l'intérêt si grave et si urgent qu'a l'Italie de réaliser son unification pénale.

Permettez-moi, Monsieur le Ministre, d'appeler particulièrement votre attention sur la conclusion de l'ensemble de ce rapport dans lequel j'ai renouvelé ma conviction persévérante sur l'avenir réservé au mouvement abolitionniste qui devait préparer l'avènement de la théorie de l'emprisonnement préventif, répres-

sif et pénitentiaire dans la codification de la législation criminelle des sociétés modernes.

Veuillez agréer, Monsieur le Ministre, l'assurance de ma haute
considération.

CH. LUCAS.

VI

Lettre de M. Savelli à M. Charles Lucas, membre de l'Institut.

Rome, 28 mars 1884.

MONSIEUR,

C'est avec une vive satisfaction que j'ai reçu l'extrait du
compte rendu que vous avez eu l'obligeance de m'adresser, con-
tenant votre rapport verbal à l'Académie des sciences morales et
politiques sur le nouveau Code pénal italien, rapport qui résume
avec une si remarquable netteté toutes les phases qu'a parcourues
l'importante réforme de notre législation criminelle.

J'ai particulièrement apprécié les convictions et les espérances
que vous exprimez, dans la conclusion du rapport, sur l'avenir
réservé à cette réforme, et je dois vous remercier, une fois
encore, des vœux bienveillants que vous formez pour sa prochaine
réalisation.

Veuillez agréer, Monsieur, avec mes remerciements, l'assurance
de ma considération la plus distinguée.

SAVELLI.

VII

A S. Exc. M. Depretis, président du conseil des ministres d'Italie, ministre de l'intérieur.

Paris, 20 mars 1884.

MONSIEUR LE PRÉSIDENT DU CONSEIL,

Trois projets de code pénal ont été successivement présentés,
de 1874 à 1883, au Parlement italien, les deux premiers par les

honorables ministres de la justice MM. Vigliani et Mancini, le troisième, dont M. le ministre' Zanardelli avait été le principal inspirateur, par son honorable successeur, M. Savelli, le 26 novembre 1883.

Ayant été appelé à l'honneur de déposer successivement à l'Académie des sciences morales et politiques un exemplaire de ces projets de Code pour la bibliothèque de l'Institut de France, j'ai dû, pour le dernier projet comme pour les deux précédents, accompagner ce dépôt d'un rapport verbal, à la séance du 26 janvier 1884, en me plaçant au double point de vue de ce qui m'a paru l'intérêt propre à l'Italie, et celui relatif au progrès humanitaire.

J'ai l'honneur, Monsieur le Président du Conseil, de vous adresser sous ce pli un exemplaire de ce rapport verbal et de prier Votre Excellence d'en agréer l'empressé et modeste hommage.

Veuillez agréer, Monsieur le Président du Conseil, l'assurance de ma respectueuse considération.

Ch. Lucas,

Membre de l'Institut de France.

VIII

Lettre de S. Exc. M. Depretis, président du conseil des ministres, à M. Charles Lucas.

Rome, 27 mars 1884.

Monsieur,

J'ai lu, Monsieur, avec un vif intérêt le rapport verbal, fait par vous à l'Institut de France sur le nouveau projet de Code pénal italien et dont vous avez eu l'obligeance de m'adresser une copie. L'importance de la question m'a fait doublement apprécier cet écrit, fruit de votre haute expérience, et je vous prie d'agréer mes sincères remerciements.

Veuillez recevoir en même temps, Monsieur, l'assurance de ma haute estime et considération.

Le Président du conseil,

Depretis.

IX

Lettre de M. Charles Lucas à M. Zanardelli, député, ancien ministre de la justice en Italie.

Paris, 18 mars 1884.

MONSIEUR LE DÉPUTÉ,

S. Exc. M. Savelli, votre honorable successeur au Ministère de la Justice, m'a fait l'honneur de m'envoyer, pour être déposé à la bibliothèque de l'Institut de France, un important document comprenant votre projet d'un nouveau Code pénal avec le rapport de M. Savelli qui le précède, et avec l'annexe du premier livre présenté à la Chambre des députés en 1876 par M. Mancini.

En 1874 et en 1876, MM. Vigliani et Mancini, ministres de la justice, m'honorèrent également de l'envoi des deux projets de code pénal dont ils avaient été les inspirateurs, pour en faire le dépôt à la bibliothèque de l'Institut, après en avoir fait hommage à l'Académie des sciences morales et politiques.

Je dus accompagner ce dépôt d'un rapport verbal, et j'avais à me conformer à ce précédent à l'occasion du document que S. Exc. M. Savelli avait bien voulu me faire parvenir.

C'est à la séance du 26 janvier de l'Académie des sciences morales et politiques qu'a eu lieu le rapport verbal dont j'ai l'honneur de vous prier de vouloir bien agréer un exemplaire, et que je soumets à vos appréciations, auxquelles j'attache le plus grand prix.

Parmi les grands problèmes qui se rattachent à ce nouveau Code pénal, est, en première ligne, celui relatif à l'abolition de la peine de mort, cette réforme civilisatrice à laquelle j'ai consacré ma vie. C'est assez vous dire combien je vous félicite et vous honore d'avoir proposé, dans votre projet de Code, d'effacer de la législation criminelle de l'Italie cette trace sanglante du talion.

Permettez-moi d'appeler votre attention sur la conclusion de l'ensemble de ce rapport verbal, dans lequel je me suis placé au double point de vue de l'intérêt propre à l'Italie et de celui relatif au progrès humanitaire, en indiquant quel devait être pour le mouvement abolitionniste l'horizon de ses aspirations.

Veuillez agréer, Monsieur le Député, l'assurance de ma haute considération.

CH. LUCAS.

X

Lettre de M. Zanardelli, député, ancien ministre de la justice en Italie, à M. Ch. Lucas.

Brescia, 17 avril 1884.

ILLUSTRE MONSIEUR,

Je vous suis extrêmement reconnaissant de l'amabilité avec laquelle vous m'avez envoyé le beau rapport que vous avez fait à l'Académie des sciences morales et politiques sur le nouveau projet de Code pénal italien.

C'est en vérité un travail que j'abandonnai inachevé quand je quittai le ministère en mai dernier, et qui se ressent trop, dans plusieurs parties, de n'avoir pas eu ce dernier achèvement qui lui était nécessaire.

De toute façon, cette abolition de la peine de mort, à laquelle depuis plus d'un demi-siècle vous avez voué un si fervent et si glorieux apostolat et que vous désirez ardemment de voir sanctionnée dans la patrie de Beccaria, non seulement était écrite dans le projet de Code, mais je me regardais comme assuré de la faire accueillir par les deux Chambres. Les honorables sénateurs mêmes (1) qui autrefois avaient été les plus opposés à l'abolition venaient de me promettre leur propre appui et me priaient de présenter d'abord le projet au Sénat pour lui faire avoir l'initiative de l'abolition.

---

(1) La situation en 1874 était bien différente de ce qu'elle est aujourd'hui où ces honorables sénateurs, en face d'un conflit parlementaire et de l'abolition de fait de la peine de mort qui en a été la conséquence, sont naturellement appelés, par un sentiment éclairé de patriotisme, à préférer l'abolition de droit de la peine de mort à l'illégalité de l'abolition de fait. (N. R.)

Moyennant cet accord amical et cordial avec les commissions parlementaires, j'avais la confiance de conduire l'œuvre au port, sinon sans discussions particulières comme j'avais pu le faire pour le Code de commerce, au moins sans un examen minutieux et ces amendements improvisés qui gâtent toute loi ample et complexe.

C'est pour cela que, lorsque des dissentiments politiques avec le président du Conseil m'obligèrent à me séparer de lui et à sortir du ministère, j'en fus très peiné, justement pour n'avoir pu mener à terme ce Code pénal, comme aussi la réforme judiciaire que j'étudiais ; et je manifestai publiquement ce regret à Naples en exprimant justement les motifs pour lesquels je m'étais retiré du ministère.

Je regrette que, ainsi qu'il l'a obtenue en ce qui regarde l'abolition de la peine de mort, le projet n'ait pas votre approbation autorisée dans quelques autres parties, celle par exemple dans laquelle à la triple répartition on substitue la double répartition des infractions qui me semble se recommander autant par la simplicité que par la logique juridique, et en outre répondant à une plus pratique application des peines, tellement qu'à ce point de vue cette innovation est considérée comme très utile par Beltrani Scalia, directeur général des prisons. Mais puisque dans votre rapport vous exprimez le projet de revenir sur ce sujet, je serai bien heureux d'entendre vos observations contraires, observations qui auront une grande valeur venant d'une personne aussi éminente.

En vous renouvelant l'expression de mes sentiments de gratitude, il m'est agréable de me dire avec une très haute estime et respect,

Votre très dévoué serviteur,

ZANARDELLI.

XI

*Lettre de M. Vigliani, premier président de la
Cour de cassation de Florence et ancien ministre
de la justice, à M. Charles Lucas.*

26 mars 1884.

Vénérable Monsieur,

C'est avec un sentiment de reconnaissance que j'ai reçu
l'exemplaire de votre rapport verbal à l'Académie des sciences
morales et politiques, sur le dernier projet de Code pénal présenté à notre Chambre des Députés, que vous avez eu l'obligeance
de m'adresser.

Je ne puis, Monsieur, qu'envisager cette communication
comme un bienveillant souvenir de la correspondance qui s'est
passée entre nous en 1874, lors de la présentation de mon projet de Code pénal au Sénat italien, sur le grave problème
de la peine capitale. Il vous sera agréable, Monsieur, d'apprendre que depuis cette époque nos opinions se sont beaucoup
rapprochées, sinon sur le point de la légitimité de la peine de
mort, au moins en fait à la suite de la circonstance extraordi-
naire que notre gouvernement, en créant la situation anormale
d'une peine qu'on n'exécute plus depuis presque deux lustres,
malgré la constance de nos cours d'assises à la prononcer, a fait
naître une espèce de nécessité d'abolir en droit la peine supprimée en fait, au moins à titre d'expérimentation, afin de rendre
possible l'unification de notre loi pénale que vous jugez avec
raison le complément essentiel de notre unité politique.

A ce point de vue, je me trouve d'accord avec vous, honorable
Monsieur, et je n'hésiterais plus à donner mon vote favorable
au projet de mon successeur, si jamais il avait le bonheur, peu
probable à l'heure qu'il est, d'arriver au Sénat après une troisième
approbation donnée par la Chambre élective à l'abolition de la
peine extrême.

Je ne vous dissimule pas cependant que l'essai que l'Italie serait la première à faire parmi les grands États de l'Europe sera vraiment *experimentum difficile et periculosum*. Mais étant bien loin d'être un ami de l'échafaud, dont j'ai toujours considéré et souhaité la cessation comme un complément du progrès humanitaire, je ferais des vœux bien sincères pour qu'en épargnant la vie des assassins, mon cher pays n'ait pas le malheur de compromettre la vie et la sûreté des gens honnêtes et paisibles.

En admirant au reste, vénérable Monsieur, le zèle et la constance avec lesquels vous avez consacré une longue et noble vie à la défense d'une cause généreuse, je vous souhaite de cœur que vous ayez la douce consolation de voir s'accomplir votre apostolat dans la terre classique du droit, dans la patrie de l'immortel Beccaria.

Agréez, vénérable Monsieur, le nouvel hommage de ma plus haute estime et vénération.

P.–H. VIGLIANI,
Premier président de la Cour de cassation de Florence.

XII

Lettre de M. Charles Lucas à S. Exc. M. le sénateur Vigliani, premier président de la Cour de cassation de Florence et ancien ministre de la justice du royaume d'Italie.

Paris, 1er avril 1884.

MONSIEUR LE PREMIER PRÉSIDENT,

En recevant l'hommage empressé d'un exemplaire de mon rapport verbal à l'Institut de France (Académie des sciences morales et politiques) sur le nouveau projet de Code pénal italien, vous avez bien senti que vous ne le deviez pas uniquement à un procédé de courtoisie envers un aussi éminent que loyal adversaire, mais encore au besoin que j'éprouvais, en raison de l'élévation de vos lumières et de votre illustration dans la magistrature italienne, de soumettre ce rapport à l'examen consciencieux du criminaliste, du législateur et de l'homme d'État, puisque votre haute compétence s'étend à ce triple point de vue.

Je suis heureux qu'au lieu de vous en tenir à un gracieux accusé de réception, vous ayez pris en sérieuse considération mon appel à votre précieuse appréciation, et plus heureux encore de voir que mon rapport, loin d'avoir davantage distancé nos idées, les avait singulièrement rapprochées.

Les trois questions principales qui se dégagent de mon rapport peuvent se poser ainsi :

1° L'ajournement de son unification pénale ne crée-t-elle pas à l'Italie une situation tellement anormale qu'elle ne saurait plus longtemps se prolonger?

2° Du moment où, sur les quatre projets de Code pénal successivement élaborés depuis 1874, les trois derniers, en proposant consécutivement l'abolition générale de la peine de mort comme moyen de réaliser l'unification pénale, ont ainsi imposé l'abolition de fait, le régime de l'abolition de droit ne devient-il pas légalement et judiciairement préférable à celui de l'abolition de fait?

3° Le régime de l'abolition de droit de la peine de mort accompagné de la suppression des peines infamantes et irréparables, en préparant ainsi, sous l'empire de la philosophie spiritualiste, l'avènement de la théorie de l'emprisonnement répressif et pénitentiaire dans la codification de la législation criminelle des sociétés modernes, ne mérite-t-il pas d'être pris en sympathique et sérieuse considération par les grands esprits de notre temps?

J'ai considéré dans mon rapport l'abolition de la peine de mort à un double point de vue, à celui d'abord de l'intérêt propre à l'Italie, et à celui ensuite du progrès humanitaire. Des trois questions précitées, les deux premières se rattachent au premier point de vue, et vous pensez avec raison qu'il me sera agréable d'apprendre le rapprochement qui s'est opéré dans nos idées, en m'exprimant que du moment où les circonstances ont déterminé une abolition de fait de la peine de mort, vous reconnaissez avec moi que mieux vaut pour l'Italie réaliser par l'abolition de droit l'impérieux besoin de son unification pénale en ajoutant que vous n'hésiteriez plus à voter en ce sens.

Quant au second point de vue, celui du progrès humanitaire,

vous êtes au nombre des grands esprits de notre temps qui souhaitent ardemment l'avènement de la philosophie spiritualiste appelée à faire disparaître de la codification de la législation criminelle les peines irréparables et les peines infamantes qui ne sauraient appartenir à la justice humaine, les unes, parce qu'elle est une justice faillible, les autres, parce qu'elle doit être une justice répressive et pénitentiaire.

Vous ne me désapprouvez pas d'avoir prudemment conseillé au mouvement abolitionniste de s'attacher à pénétrer d'abord dans les petits États, puis des petits États dans les États moyens, avant d'aborder les grands États. Mais vous ajoutez : « Je ne saurais vous dissimuler que l'essai que l'Italie serait la première à faire parmi les grands États de l'Europe sera vraiment *experimentum difficile et periculosum* », et vous me laissez entrevoir à cet égard la part de responsabilité personnelle qui pourrait m'atteindre dans la marche du mouvement abolitionniste.

Le cadre d'une lettre ne permet pas assurément d'embrasser l'horizon des influences et des responsabilités qui peuvent se rattacher à la marche du mouvement abolitionniste, depuis l'impulsion des doctrines et des efforts des criminalistes jusqu'aux décisions des gouvernements et des parlements qui en déterminent le résultat final.

Je dirai seulement qu'en ce qui concerne les criminalistes, le mouvement abolitionniste est en quelque sorte une société de participation en nom collectif qui se compose de la coopération de chacun et du concours de tous. C'est à un concert multiple que le mouvement abolitionniste obéit.

Je ne cherche pas par là à méconnaître que parmi les criminalistes une part exceptionnelle de responsabilité doive m'incomber par suite de la participation active et persévérante que j'ai prise au mouvement abolitionniste pendant les 57 années qui remontent à la publication en 1827 de mon ouvrage sur *le Système pénal et répressif en général et la peine de mort en particulier*. Je reconnais que cette responsabilité a dû surtout s'accroître pendant les 48 années écoulées depuis ma nomination à l'Institut que j'ai en si grande partie consacrées à constater et seconder par des communications successives à l'Académie des sciences morales et politiques le développement historique et progressif du mouvement abolitionniste.

Mais, ainsi que je l'ai dit dans mon rapport à l'Institut, je n'ai rien à rétracter dans l'ordre des idées et des faits, et je crois, dans la longue série de mes communications, n'avoir jamais conseillé au mouvement abolitionniste une témérité. Aurais-je l'inconséquence d'en commettre une aujourd'hui par ma vive *adhésion* aux deux votes de la Chambre des Députés de 1865 et 1877, et aux trois projets de Code pénal de trois ministres de la justice qui ont déclaré à l'Italie que l'abolition de droit de la peine de mort était la meilleure solution du grave problème de son unification pénale ?

Je me sers du mot *adhésion*, Monsieur le premier Président, parce que, ainsi que l'atteste ma lettre de juillet 1867 à Mittermaïer, si souvent citée, sur la marche probable du mouvement abolitionniste en Europe, en passant des petits États dans des États moyens, et de ceux-ci dans les grands États, ce n'était pas l'Italie, ainsi que vous paraissiez le croire, que je désignais parmi les grands États comme le premier à prendre l'initiative de l'abolition de la peine de mort. C'était la Confédération du Nord de l'Allemagne, et mes prévisions à cet égard se seraient réalisées, si le Parlement fédéral, après avoir adopté l'abolition de la peine de mort aux deux premières lectures du projet de Code pénal, ne s'était pas déjugé à la troisième, à la faible majorité de neuf voix.

Il y avait dans la situation de l'Italie des complications me paraissant imposer une grande réserve au mouvement abolitionniste qui devait affermir son heureuse influence en Toscane afin d'accroître l'autorité de ce précédent pour l'étendre en temps opportun à toute l'Italie. Ce fut le projet de Code pénal de 1874 qui, en proposant le rétablissement de l'échafaud en Toscane, vint commander au mouvement abolitionniste un pressant et suprême effort pour réagir contre ce pas rétrograde dont était menacée la civilisation de l'Italie.

De là les circonstances et les incidents qui vous sont connus et qui aboutissent aujourd'hui à imposer à nos opinions dissidentes la commune conviction que le grave problème de l'unification pénale ne peut plus se résoudre que par l'abolition de droit de la peine de mort. Ce dénouement sans doute présente des difficultés qu'il ne faut pas méconnaître, car le meilleur moyen de les surmonter, c'est de les prévoir, et grâce à cette prévoyance que vous recommandez avec raison à sa sollicitude, ce grand et beau royaume d'Italie, placé dans l'alternative d'un progrès ou d'un pas rétrograde dans la marche de sa civilisation, n'aura pas, je l'espère, à regretter sa généreuse option.

Veuillez agréer, monsieur le premier Président, l'assurance de mes sentiments de haute considération.

Ch. Lucas.

XIII

Lettre de M. Charles Lucas à M. Fernand Desportes, secrétaire général de la Société générale des Prisons.

Monsieur le Secrétaire général et honoré Collègue,

Je m'empresse de vous remercier avec un sentiment bien reconnaissant de votre offre gracieuse d'insérer dans le Bulletin de la Société générale des Prisons le rapport verbal que j'ai présenté à la séance du 26 janvier à l'Académie des sciences morales et politiques sur le nouveau projet de Code pénal italien, considéré au double point de vue de l'unification pénale en Italie et du progrès humanitaire, ainsi que la correspondance à laquelle ce rapport verbal a donné lieu.

Je ne saurais méconnaître que l'insertion de l'ensemble de ma publication dans le Bulletin de la Société générale des Prisons la placera sous les yeux d'un public d'élite et le plus compétent qu'elle puisse avoir.

Permettez-moi d'espérer qu'il sera aussi le plus sympathique, puisqu'il s'agit surtout d'un grand problème dont la Société générale des Prisons prépare par ses utiles travaux la solution, celle du perfectionnement de la législation criminelle par l'avènement de la théorie de l'emprisonnement préventif, répressif et pénitentiaire dans la codification pénale des nations modernes.

Veuillez agréer, monsieur le secrétaire général et honoré collègue, la nouvelle assurance de mes sentiments distingués et dévoués.

Ch Lucas.

Note énumérative (1) des communications successives de M. Ch. Lucas à l'Académie des sciences morales et politiques, de 1874 à 1877, insérées dans le compte rendu de ses travaux, sur la codification pénale en général et la peine de mort en particulier dans le royaume d'Italie.

Janvier-mars 1874. — La peine de mort et l'unification pénale à l'occasion du projet de Code pénal italien, de l'honorable ministre M. Vigliani, comprenant :

Lettre à M. le commandeur Mancini, député au Parlement italien, et professeur de droit public à l'Université de Rome. Brochure épistolaire de 30 pages ;

Appel aux abolitionnistes italiens ;

Appel de l'opinion abolitionniste à l'opinion libérale en Europe, à l'occasion du rétablissement de la peine de mort en Toscane, proposé par le projet de Code pénal italien ;

Seconde lettre du 13 mars 1874 au député Mancini.

20 mai 1874. — Rapport à l'Académie des sciences morales et politiques sur le projet de Code pénal italien, présenté par l'honorable M. Vigliani, ministre de la justice.

29 septembre 1874. — Lettre de S. Exc. M. Vigliani, ministre de la justice en Italie, à M. Charles Lucas, à l'occasion de sa communication à l'Institut sur le projet de Code pénal italien, suivie des observations présentées en réponse par M. Ch. Lucas.

1874. — Lettre de M. Lucas à M. le sénateur Musio, président de la commission sénatoriale chargée de l'examen du projet de Code pénal italien.

2 mars et 5 avril 1875. — La peine de mort devant le Sénat italien, lettres de M. Ch. Lucas, membre de l'Institut de France, aux savants professeurs Francesco Carrara et Luigi Lucchini.

2 décembre 1876. — L'école pénale italienne et ses principes fondamentaux, à l'occasion da la prochaine discussion du projet de Code pénal à la Chambre des députés d'Italie.

7 avril 1877. — Rapport verbal à l'Académie des sciences morales et politiques, à l'occasion de l'hommage de divers documents relatifs au projet de Code pénal italien et à l'abolition de la contrainte par corps au nom de S. Exc. M. Mancini, ministre de la justice d'Italie.

1er et 8 décembre 1877. — Communication de M. Ch. Lucas à la même Académie sur l'exposé des motifs de M. Mancini, ministre de la justice en Italie, relatif au premier livre du projet de Code pénal italien et sur le rapport de M. Pessina au nom de la commission de la Chambre des députés chargée de l'examen de ce projet.

---

(1) Voir le renvoi motivé à cette note, page 12.

TABLE DES MATIÈRES

www.ingramcontent.com/pod-product-compliance
Lightning Source LLC
Chambersburg PA
CBHW061707060726
47597CB00006B/2242